Préface

Voilà le livre d'un homme, d'un homme humain.
Un homme qui a de la compassion pour l'humanité. Sa meilleure occupation, la contemplation.
Son meilleur ami, le temps.
Que dire de plus sur cet humain, qui transmet ses pensées à autrui.
Ce n'est pas une leçon qu'il nous donne mais un peu de lui qu'il nous offre. Un artiste unique qui a un regard bien a lui sur la vie.
Au fil de ses livres, il nous livre ses doutes, ses peines, ses remises en questions, ses solutions.
Chacun de nous les comprend et les interprète à sa manière.
Cet homme à l'art et la manière de nous faire pensée. L'essence de la solitude est un cadeau qu'il offre à

tous ceux qui prennent le temps de penser.

Prenez ce cadeau, et utilisez le comme bon vous semble.

Peut être que cela ne vous apportera rien mais au moins vous aurez pris le temps de penser.

Ce quatrième livre ne déroge pas à la règle, il reste dans la continuité de sa manière de penser, de partager et d'interpréter.

Tison Mélissa

Éditeur : Books on Demand GmbH,12/14 rond point des Champs Élysées, 75008 Paris France

Impression : Books on Demand GmbH Norderstedt Allemagne

ISBN : 9782322099429

Dépôt légal : Novembre 2017

Note de l'auteur,

Ecrire pour moi est une présence,
 un instant, un espace temps,
En quelques mots ma vie
s'accompagne·
De mes livres naissent de simples
phrases que l'on peut lire dans
n'importe quel sens ;
Et c'est pourtant malgré tout cela
que sans que je puisse le vouloir,
dans l'ordre elles sont l'histoire
d'un exemple, d'une vie·
Un instant en appelle un autre...

L'essence de la solitude

Apesanteur des sens cachés...

Il y a bien longtemps que je n'ai rien touché, il y a bien longtemps que je ne crée plus, il y a bien longtemps... J'en viens à cet instant.

Toi et moi, nous revoilà, en sainte harmonie.
Doucement je me lie, un battement résonne...

Feuille d'automne, nue hivernale,
feuille de couleur, blanche,
je te remercie.

Doucement, lentement, je reviens,
j'ai besoin de toi, sur ta robe,
je tatoue de ma plume, mes sens,
mon essence pour me reconnaître,
me lire, me voir, ce n'est pas grand
chose mais je me sens bien mieux...

Il ne faut rien mais simplement
oser...

Enfouis tu détiens d'énormes
secrets,
Les miens, que toi-même décides de
me révéler à ton rythme·

J'en reconnais ma faute, création
est l'union de toi et moi·
L'art est notre médecine...
Arbre tu es mon frère...

Feuille blanche je ne peux que
t'aimer...

Ivresse,

Tête saoule,

Pensée débordante,

Main légère éponge...

Instant arrêté,

Tu me prolonges,

....

Dans le temps...

Distant,

       de tout,

Distant,

       De rien,

Le temps va ...

Les poches vides,

L'âme pleine,

Poésie est richesse...

Soleil levant en vue,

Attente du couchant,

Le temps est à l'or quiétude...

Personne n'a le même regard que l'autre, les évidences de ton esprit sont peut-être les troubles de celui d'autrui.

Les expériences du passé nous servent de brouillons, mais nous n'arrivons pas à les réécrire au propre.

Il est difficile de faire propre,
L'entourage du monde humain est lui-même superflu, lui-même brouillon,

Il ne peut être alors que défini sur des morceaux de chiffons.

IL faut partager ces morceaux de chiffons, si modestes soient-ils, dans l'espoir d'un monde moins terne...

(H·f)

Le malaise de l'homme ne résiderait-il pas, dans le simple fait qu'il ait la capacité de réflexion·

La prévoyance s'inspire·

La déchéance s'expire·

L'homme découvre le monde, qu'il s'y perd·
Notre message de fin nous sera le même...

Je pense donc, je suis mais à quoi je pense ?

Nos cris de souffrance jailliront de nos entrailles et aucun cri de joie ou de bonheur ne pourra en atténuer l'intensité.

La souffrance sera toujours plus constructive que le bonheur, ainsi va le monde, ainsi fonctionne l'humain ;

Les joies succèdent aux peines,

les peines succèdent aux joies,

nous gardons en nous l'empreinte de la peine en oubliant presque celles des joies...

(Mumu).

Le vent caresse votre nuque,
muet est le chant de l'oiseau,

le sable comme l'océan,
vous voilà seul,
sous le soleil brûlant...

Zen est un grand mot qui ne comporte que trois lettres...

par le biais de la souffrance que la
vie nous éduque au bien-être.

Tristesse du cœur,
     Réconfort de l'esprit,
Paradoxe délivré par la solitude...

Arrêter de gesticuler, le sol de la
solitude est comme le sable
mouvant,

Comme un toxicomane sans drogue,
le cœur sans amour est une solitude
en guise de cure...

Cœur et esprit,

    Esprit et cœur,

Sont deux montagnes où la vallée
est solitude.

Le solitaire écrit, alchimiste de
l'invisible, les mots sont alors le
temps.

Grande est l'absence, le manque élargit son territoire, la solitude ne peut que réconforter quand l'âme n'est pas avide...

Absence d'inspiration, absence de
sens, je dépose une âme avide...
Le temps passe et je suis passif,
rêveur, il me semble arrêté...
Je me laisse vivre , pris au piège de
la contemplation ;
Mais où vais-je ?
Pris dans le jeu ou je joue sans
connaître les règles ?
Qu'est ce que la gloire ?
Qu'est ce qu'est être vaincu ?
J'en perds les confins de mon
être...
Je ne sais même pas ce qu'il faut
savoir...

Apprentissage de l'inconnu, tel est
l'essence de la vie humaine.
L'inconnu est le repas de la
découverte, la découverte a toujours
un inconnu comme dessert...

Mais où vais-je ?

Vers l'inconnu nous sommes allés,
nous allons et nous irons car nous
n'avons que ça tant que fin nous
n'est pas une faim en soi...

Éducation est la solitude...

Plume du ciel,
encre de sang,
   tel est ma drogue dans cette
vie···

Je me retrouve sous un ciel grisé,
impatient, je ne fais qu'attendre·

Grande est l'avidité,
petite est la prospérité,
   ne rien cacher,
      ne rien dévoiler·

Seul sous la tempête, en haut des
crêtes, fermés sont les yeux,
Le ciel est à l'or bleu...

Belle est la vie...

Seul, la liberté te hante,
Envoûté naît la délivrance·

Écrire à son cœur, c'est le laisser réciter où sensé est l'essence, à l'écoute de la récitation du cœur ...

Aux pays des grands cœurs, de ma vérité où nul ne peut savoir, me voilà joueur mais pas tricheur ...

Nous construisons un monde sans savoir pourquoi nous le faisons ainsi...

Le temps nous échappe à tous, même quand il est pleinement à nous...

Bon usage,

    peut-être

        la passivité.

           de nos têtes.

      la galaxie

L'ennui est

La liberté est dans sa tête
gouvernée par l'esprit, me voilà libre
quand j'écris.
Ce n'est pas un plaisir mais un
échappatoire face à la vie dans
laquelle je suis pour écrire.

C

*Certains arbres poussent tordus
pour atteindre la lumière et
d'autres meurent par l'ombre des
plus grands.*

La vie entre les mains,

comme l'eau, je n'arrive point à la
conserver,

elle file entre les doigts.

Les mains en cuvette j'en conserve
un échantillon, trop longtemps l'eau
finit par trouer si elle ne s'est pas
évaporée avant...

Difficulté est de délivrer à qui que
se soit, ce que l'on est au plus
profond, si ce n'est à soi même.

Prisonnier de la vie comme un arbre,

Nous avons pris racine, figés nous pouvons en faire autant.

Humble nous est la lumière, humain tel est votre nom, pensez à regarder le ciel ...

Avidité,

     naît le besoin
   de délaisser·

Plume est le pinceau,
Piano est le clavier,
Mélodie sont les mots,
Tableau est le papier

Bien-être est

     de savoir se bercer...

Quelques mots,

                délivrance révélatrice,

de douces fossettes comme de

douces larmes...

Certainement est le mot qui met le

doute...

Seul, libre je suis, blanc de feuille te voilà recueil, émerveillé, je ne peux te remplir pour ne rien dire.

Quelques mots et te laisse à ta blancheur.

Libératrice tu es intensément au point.

Naufragé de la vie, tu sais me faire vivre, mot du simple instant, blanche et froide par moment.

Douceur incandescente, que la courbe de ma plume te soit printemps.

Artiste, je ne suis pas.

Artiste, je ne pense pas l'être.

Je ne sais pas être artiste, je sais être libéré...

Etre seul,

ne pas forcément l'être

mais savoir l'être...

Seul,

est le sens même
de ce que l'on est.

Rien ne vaut la relativité juste.

Figé devant elle,

blanche est la feuille,

de la respiration naît le calme,

harmonie, tu mènes la cadence,

figé devant elle,

je danse.

Renouveau tu m'aspires, passé tu m'as échappé et tu es là parfois, présent j'aimerai tant te vivre mais j'ai juste le temps de te sentir, j'en oubli la stratégie d'une vie sans règles, où une foi vient à notre rencontre comme une marée qui nous guide dans la dérive de demain. Comme toi et moi, nous citoyens de cette terre on ne peut voler sans les ailes, on ne peut nager sans nageoire on ne peut vivre sans mourir.

J'ai ma liberté, celle d'écrire sans
véritablement ne rien dire,
Libre j'écris à ma liberté pour
demeurer libre comme un poisson,
Comme un oiseau, comme le vent,
Comme une tempête, comme un
homme·

Nos têtes dérivent vers les courants
du yin
Nos têtes dérivent dans les
coutumes du yang.
La raison n'est-elle pas la balance ?

Attristé, je souris.

Fille ou garçon , homme ou femme,
Libre nous le sommes tant que
notre âme ne songe pas au
renfermement.

Nous dévalons ce qui se descend
avec aisance·

Nous grimpons ce qui se monte avec
faiblesse

Nous trébuchons, souvent, tout
seul·

Ton âme écrit pour te dire qu'il est lui, celui qui est toi au plus profond·
L'intouchable···

Parfois attristé je vis et envie de te vivre , je t'accompagne, ma compagne, la vie...

Que le monde me soit lourd à en
devenir bossu,
que le monde me soit léger au point
de ne plus toucher sol,
mais quand on est soi nous
appartenons au monde comme il
nous appartient.

Insouciant , c'est souvent là que je m'arrête à l'éveil de ma conscience.

Instant purifié , éclair de lucidité.

Je vois alors la profondeur de ma page...

Elle est vide comme ces écrits

On s'affole, on file, dans tous les sens pour n'atteindre nulle part. La vie se résume très souvent à un verre de vin.

Assis dans l'herbe,

A l'ombre de mon chapeau,

Je contemple , oiseau, arbre, vent,

papillon, je n'ai pas bougé et le

temps est passé...

Aucune seconde de notre vie n'est

vraiment gaspillée sinon elles le sont

toutes...

Regarde autour de toi,
mets toi en
PAUSE.

Tu as toi soudainement meilleure
mine.

La présence est comme une étoile
filante, elle passe ;
Sans que l'on puisse la retenir.

La solitude pèse, pourtant
elle est légère...

Le temps passe et il demeure ma
plus grande présence...

Tel est ma suite à venir...

Le Temps...

.

Autres livres:

___ Le temps d'aimer 2009

___. Brin de Recueil 2005

___ .L'éveil d'écrire 2006

___ Mine d'or 2014

Écriture 2009

Prochainement

Le temps d'aimer

A bientÔt····

Amitiés Sébastien